Todos Somos Bellos

La realidad oculta al alcance de tus manos

Leonardo Castillo

DEDICATORIA

A ti que no aceptas insultos, discriminación ni burlas.

A ti que no te crees más que los demás tampoco menos.

A ti, que quieres entender lo más posible.

Que crees en la equidad de la naturaleza.

La bondad de la vida y valor de lo humano.

A ti que buscas.

CONTENIDO

Muchas veces, las cosas no son lo que parecen.

AGRADECIMIENTOS

A doña Minerva González, de editora Alfa y Omega.

En 1986 si mal no recuerdo, me presenté con mi manuscrito a Editora Alfa y Omega con el fin de publicar mi obra. No tenía un solo centavo, ni idea de cómo funcionaba el negocio del libro. Sólo sabía que había escrito un libro titulado Todos Somos Bellos, y quería publicarlo.

Pedí hablar con la persona a cargo y me condujeron al despacho de aquella mujer extraordinaria, hermosa, sonriente, inteligente, atenta, quien me escuchó con un gran respeto y comprensión.

Se percató de mi ignorancia y me aportó las explicaciones necesarias. Luego me abrió un crédito para apoyar mi proyecto. Lo cual, ahora me impresiona. En aquella época era yo un enclenque, flaco, mal vestido, de aspecto muy humilde que más bien daba pena antes que inspirar confianza. No sé que clase de corazón tan grande y lleno de bondad tiene esta mujer, pues dejando de lado los aspectos financieros de su negocio, hizo realidad una meta de escasas posibilidades.

El libro fue terminado y colocado por mí en las librerías a consignación. Esa era la mejor opción para autores independientes. Las primeras ventas me permitieron abonar buena parte de la deuda contraída.

Al término de un año aún me faltaba un pago de 125 pesos dominicanos y fue mi padre el maravilloso don Manuel de Jesús Leonardo, quien me hizo un cheque como regalo de cumpleaños. Así honre la fe de doña Minerva en mi proyecto el cual ahora veo, fue muy exitoso, solo que en el momento no me di cuenta.

Hoy al rescatar este libro le rindo un homenaje a aquella mujer extraordinaria que me dejó una gran lección. Dios llene de Bendiciones a nuestra querida Minerva González y toda su familia así como a Raquel quien diseñó la portada y todo el personal técnico que trabajó en esa producción.

A Adon Castillo (Papito), mi tío, padrino y compadre.

    En 1985 si mal no recuerdo, escribí este libro a mano, en papel de colmado, que era un tipo de papel especial que se utiliza aún en los comercios detallistas como envoltura de productos al detalle.

    Era el tipo de papel que tenía más a mano cuando de golpe me llegaba la inspiración mientras trabajaba en los comercios de mi padre.

    Adon Castillo (Papito) tomó muy en serio mi proyecto, y se ocupó de "pasarlo a maquinilla" en sus oficinas. De este modo me fue posible presentarlo en la imprenta sin provocar burla.

1 BELLEZA HUMANA

Frente al tema de la belleza, en algún momento de su vida, la gente se pregunta, ¿En verdad soy bello o bella?, o ¿soy feo o fea?, o ¿qué tan bella? o ¿qué tan fea soy?.

Desde mi infancia fui un privilegiado, cuando comencé a entender el idioma, era uno de los temas que más me interesaban. La gente solía comentar que yo era un bebe muy hermoso, y eso me encantaba.

En verdad todos los bebes a la gente le parecen hermosos en especial cuando están limpios y saludables.

Fui creciendo y cada vez me resultaba más importante este asunto, sobre todo cuando el interés por las niñas se hace más y más fuerte. Pues resulta que en mi caso, continúe siendo un afortunado.

Me encantaba como me veía.

El asunto es que no importa lo complacido que estaba con mi apariencia física. Hubo momentos de dudas y fueron momentos muy angustiosos y tormentosos.

Además para esa época me las privaba en comunista, y creía en la igualdad. Por eso al pensar en aquellos que no eran tan afortunados, solía atormentarme con la pregunta: ¿es eso justo? ¿Quién es el responsable de tal inequidad?, ¿la naturaleza? ¿Existe inequidad en la naturaleza?, o ¿acaso el mismo Dios puede ser el responsable de darles a algunos gran belleza y a otros ninguna o muy poca?. Yo quería una explicación. Pero no cualquier expiación, una explicación científica, una que se pudiera someter a la comprobación práctica y convertirse en ley.

Busque esa explicación y al parecer no existía de forma organizada y creíble. Y por alguna razón comencé a observar a mí alrededor, y dentro de mí mismo, y lo que encontré me llenó de sorpresa y alegría. Encontré una serie de explicaciones que me resultaron satisfactorias y me llevaron a la conclusión de que Todos Somos Bellos y que la verdad, la realidad está oculta, pero al mismo tiempo está al alcance de nuestra comprensión.

Con esas explicaciones conformé capítulo a capítulo el libro que luego puse en circulación y que ahora rescato para el disfrute de todos.

Es un problema que dificulta o facilita las relaciones con nosotros mismos y con los demás

¿Cómo te ves tú mismo? Uno de los aprendizajes más difíciles de asumir desde el inicio de nuestras vidas, tiene que ver con la forma en que vemos a los demás y peor aún, en la forma en que nos vemos a nosotros mismos.

Sabemos que las personas que nos rodean se ven bien, o se ven mal, o lo que es lo mismo, nos gusta cómo se ven, o simplemente no nos gustan.

Ese es el tema de la belleza humana.

Se discute de una forma muy singular. Con cierto nivel de hipocresía en algunos casos. Los o las más osadas deciden resolverlo acudiendo a productos, a ejercicios, al operaciones quirúrgicas, a implantes y prótesis.

La realidad es que a todos les importa la belleza. A los adultos y a los niños. A los jóvenes y a los viejos, a los hombres y a las mujeres e incluso a los que ven y a los que no pueden ver.

¿Por qué? Pues sin dudas porque ello facilita o dificulta la vida y las relaciones con los demás.

Facilita o dificulta incluso las relaciones con sigo mismo. Lo cual es muchos más difícil, porque en las relaciones con los demás hay muchas opciones pero nosotros mismos somos sólo uno y no hay hacia dónde coger.

Lo que normalmente se hace con el tema de la belleza es que se da por hecho que se trata de una cualidad que adorna a las personas. Que las personas son bellas si se ven bien y son feas si no se ven bien.

Lo cierto es que hay otra forma de verlo. La realidad oculta, ahora la tendremos al alcance de nuestras manos, capítulo a capítulo, tema a tema.

La primera incógnita que vamos a despejar tiene que ver con las opciones que tenemos para afrontar el tema. Numero uno: la opción ordinaria que manejamos como buena y válida. Y número dos: la visión que presentamos en este libro.

Veremos el nivel de error o equivocación de la opción "uno" en comparación con los beneficios de una segunda visión que analiza la sociología, la historia, la antropología, las artes plásticas, la medicina, la sicología y la estética.

En este capítulo lo importante que quiero dejar sentado es que estoy hablando de la belleza física. No de la belleza espiritual, ni de cualidades y valores que adornan a un individuo interiormente.

Cuando publiqué este libro por primera vez, hace varias décadas, mis allegados leyeron el libro y al parecer entendieron muy poco el planteamiento novedoso que les estaba entregando. Al final de la lectura, se me acercaban diciendo que les parecía muy bonito que proclamáramos de tal manera que todos somos bellos, porque lo importante es la belleza de adentro.

Este libro no tiene nada que ver con la belleza de adentro.

Hubo un vecino que se aproximo bastante al indicar que ciertamente a su modo de verlo, las personas y las cosas no son bellas ni feas. Somos los sujetos los que las vemos de alguna manera de acuerdo a la forma en que haya sido educado nuestro sentido del gusto estético.

Ahora podemos pasar a presentar nuestra teoría de la conducta aprendida. Con entender este planteamiento es suficiente para comenzar el proceso que permite adquirir una visión que quizás resulte avanzada para la época pero muy necesaria para la solución de dudas y la comprensión a cabalidad del tema que nos ocupa.

Hubo un vecino que se aproximo bastante al indicar que ciertamente a su modo de verlo, las personas y las cosas no son bellas ni feas. Somos los sujetos los que las vemos de alguna manera de acuerdo a la forma en que haya sido educado nuestro sentido del gusto estético.

Y por alguna razón comencé a observar a mí alrededor, y dentro de mí mismo, y lo que encontré me llenó de sorpresa y alegría. Encontré una serie de explicaciones que me resultaron satisfactorias y me llevaron a la conclusión de que Todos Somos Bellos.

Leonardo Castillo

2 UNA TEORÍA

Lo primero que hice fue elaborar una teoría que explica el fenómeno de la belleza desde un punto de vista social. Y el primer paso que dimos fue buscar una definición de belleza en el diccionario.

Encontramos esto: "Cualidad de una persona, animal o cosa capaz de provocar en quien los contempla un placer sensorial, intelectual o espiritual".

Esto se aproxima bastante a lo que la mayoría entiende y por tanto nos resulta muy útil para nuestro propósito.

Vamos por parte, lo que esta definición significa es que si vemos algo bello, sentimos un placer. Y si lo que vemos no es bello sentimos un rechazo.

La pregunta que surge de esto es la siguiente: ¿de dónde proviene ese placer que se siente al contemplar lo bello?

Si intentamos responder esa pregunta encontramos que hay dos respuestas posibles.

Numero Uno: Ese placer se produce porque lo bello produce placer.

Numero Dos: Ese placer se produce dentro de

nosotros, solamente si lo que vemos nos gusta.

Y ahí viene la teoría. Lo que es bello para unos, no necesariamente lo es para todos. En consecuencia lo que sentimos al contemplar lo bello o lo feo, depende de nuestro gusto. Lo que nos gusta nos parece bello, y lo que no nos gusta nos parece feo.

Otra pregunta: ¿Cómo se formó nuestro gusto? Hemos recibido algún tipo de educación o entrenamiento que definió lo que nos gusta, o lo que no nos gusta. Es un entrenamiento indirecto. Sin darnos cuenta, Es continuo, desde que nacimos, crecimos y aún después. Es colectivo, porque grandes grupos de personas coinciden en gustar de ciertas imágenes y rechazar otras. Es individual porque al mismo tiempo cada individuo define preferencia muy particular que no tiene que coincide plenamente con la generalidad.

Ahora bien, con todas estas observaciones, como se elabora una teoría.

Primero veamos que es una teoría. El diccionario dice que una teoría es: "Conjunto organizado de ideas que explican un fenómeno, deducidas a partir de la observación, la experiencia o el razonamiento lógico".

De modo que nuestra teoría fue la siguiente:

"La capacidad que posee un individuo para sentirse influenciado por un estímulo óptico de un modo agradable o desagradable, es fruto de un entrenamiento colectivo o individual, generalmente mixto, el cual, se inicia en el momento mismo en que nacemos y se prolonga por el resto de nuestras vidas".

En otras palabras lo que nos gusta es lo que aprendemos a disfrutar, independientemente de lo agradable o desagradable que sea.

Del mismo modo lo que no nos gusta, es lo que aprendemos a rechazar. Es lo que los psicólogos llaman conducta aprendidas. Si buscamos el término en la red encontramos lo siguiente:

"La conducta aprendida es el término que describe la forma de proceder de la humanidad por los filósofos, estudiosos y profesionales de las ciencias sociales.

Esta explica el comportamiento del ser humano en sociedad, el cual depende de los patrones de conducta en los que este se críe y en la cultura misma a la que el individuo pertenezca. Lo que es aceptado por algunas culturas no lo es aceptado por otras porque esto depende de LA CONDUCTA APRENDIDA.

De igual forma y de manera más directa se puede citar la vida en familia. Para el niño será aceptable lo que para el padre es aceptable. Es muy probable que los menores en un hogar, actúen en el futuro como vieron a sus padres actuar.

La conducta aprendida es producto de la vida en sociedad u no de la genética o ADN".

Viéndolo de este modo, la belleza depende más de la formación o del entrenamiento que ha recibido el sujeto, es decir nosotros, que de las cualidades del objeto. Es decir que si lo que estamos viendo no nos gusta, no es porque lo que estamos viendo es feo, sino porque nosotros tenemos un problema que nos dificulta disfrutar de su belleza.

Y este es el tema del próximo capítulo. ¿Quién goza más?, el quisquilloso y exigente, o aquél a quien todo le gusta.

"La capacidad que posee un individuo para sentirse influenciado por un estímulo óptico de un modo agradable o desagradable, es fruto de un entrenamiento colectivo o individual, generalmente mixto, el cual, se inicia en el momento mismo en que nacemos y se prolonga por el resto de nuestras vidas".

Leonardo Castillo

3 ¿QUIEN GOZA MÁS?

Estamos en el 2014 y todavía el tema de la belleza es manejado de forma invertida.

Lo que hace la gente es meterse en el quirófano y realizarse cirugías estéticas, ponerse implantes en los senos, en el cabello, los hombres que se les cae el cabello sufren por ello y muchos se hacen implantes de pelo y hay salones de belleza donde las mueres se desrizan el pelo por rechazo al pelo rizado y algunos usan cremas blanqueadoras.

En fin en décadas, las preferencias de la gente siguen siendo más o menos las mismas que cuando publiqué Todos Somos Bellos. O son ideas aún muy avanzadas para la o simplemente la reeducación colectiva del gusto de la gente es un proceso muy lento.

Si el objetivo lógico de la humanidad es ser feliz y disfrutar de la vida, el problema de la belleza se presenta como un obstáculo para la felicidad humana, porque a la gente no le gusta la mayoría de la gente.

La solución se presenta en dos opciones.

Modificar la gente para adaptarla al gusto, o modificar el gusto para adaptarlo a la gente.

Esto último es perfectamente posible.

Pero esa campaña intensiva de reeducación del gusto popular, ni siguiera me atrevo a proponerla, hay muchos intereses y negocios. Hay todo una industria de productos de belleza, cremas, desrizado etc. Hay clínicas de estéticas y sobretodo gente que se resiste a entender el asunto, salvo raras excepciones que se lanzan a una batalla en solitario convirtiéndose en víctimas de la incomprensión. Lo que planteamos es que la gente tiene menos posibilidades de ser feliz, en la medida en que su capacidad de disfrutar lo que ve se limita. Lo contrario también es cierto, si logramos ampliar el gusto de la gente y que encuentre belleza en más y más cosas, las posibilidades de ser feliz y gozar de la vida también se amplían. Podríamos decirlo del siguiente modo: La posibilidad de ser feliz de la gente es directamente proporcional a la amplitud de sus gustos. De todos modos es importante que podamos manejar el tema con criterios de exactitud que nos permitan su mayor comprensión.

Es en parte para consumo personal.

Por eso en el siguiente capítulo veremos cómo existe un modelo imaginario de belleza en nuestra cabeza que es utilizado por nuestro cerebro para realizar comparaciones con el mundo real y calificar la belleza.

Si el objetivo lógico de la humanidad es ser feliz y disfrutar de la vida, el problema de la belleza se presenta como un obstáculo para la felicidad humana, porque a la gente no le gusta la mayoría de la gente.

La solución se presenta en dos opciones.

Modificar la gente para adaptarla al gusto, o modificar el gusto para adaptarlo a la gente.

Esto último es perfectamente posible.

Leonardo Castillo

4 MODELO IMAGINARIO DE BELLEZA

Una de las observaciones que aparecen explicadas en la primera edición de Todos Somos Bellos, describe el uso de un modelo imaginario de belleza en el proceso cerebral de distinción de lo bonito.

Ese modelo imaginario de belleza ha surgido en el seno de la sociedad a través del tiempo, y va cambiando sutilmente en el ámbito colectivo y en el individual, de tal manera que cada individuo incluye aspectos particulares en su propia versión del modelo imaginario de belleza.

Por ejemplo si el modelo colectivo femenino es una mujer joven, blanca, alta, delgada, de pelo lizo, nariz perfilada y ojos azules.

El proceso que se da cuando el cerebro se enfrenta a una persona real es que realiza comparaciones y coteja las coincidencias. La persona que le parece más bella es la que tenga mayor cantidad de coincidencia con el modelo imaginario de belleza.

Esta es una forma de explicarlo. El proceso real es bastante complejo, porque cada individuo tiene su propia versión del modelo imaginario de belleza e inclusive puede que haya más de un modelo.

Lo interesante de esto es que los modelos imaginarios pueden ser creados a conveniencia.

Esto es posible utilizando las técnicas del marketing, o el mercadeo.

La industria del cine y la televisión pueden participar en la creación de modelos de belleza más realistas.

En algún momento historio los productores de telenovelas venezolanos entendían que las protagonistas tenían que responder a criterios de belleza muy estrictos y usaban figuras poco comunes pero aceptadas como excepcionalmente bellas.

Creían que si no lo hacían así el negocio no les funcionaría, porque tenían la idea de que la televisión es imagen y que imagen significa belleza, presentar lo que la gente disfruta viendo. Estas ideas, por lo menos en lo relativo al aspecto comercial varió con el enorme éxito de las telenovelas brasileñas que utilizaban talentos más realistas y parecidos a la gente verdadera.

Pero la teoría del modelo imaginario de belleza también nos sirve para comprender como lo que se consideraba bello en una época, deja de serlo en otra, y lo que se considera bello en una región, deja de serlo en otra.

Si vemos los cuadros de artistas famosos de la época del renacimientos encontramos figuras obesas plasmadas en tal actitud que nos indican claramente que ese era el criterio de belleza imperante en la época.

Muy distintos a los criterios actuales. Criterios que están haciendo ricos a los cirujanos estéticos.

Se entiende que la delgadez favorece la salud, pero la obsesión por la delgadez envuelve un problema que tiene que ver con la realidad. Es decir hay un choque entre lo que la gene quiere y lo que la gente tiene y ese choque conduce a altos niveles de infelicidad e insatisfacción.

Que es lo que tenemos... tenemos personas inclinadas a la obesidad que quieren ser delgadas.

Algunos autores creen que la obesidad o la inclinación hacia la obesidad tienen una explicación científica e historia. Veamos la siguiente explicación extraída de un artículo publicado en la red: "El ser humano durante el 95-99% del tiempo de su existencia en la Tierra ha vivido como cazador-recolector y ha debido resistir los frecuentes períodos de carencia de alimentos. Este hecho produjo, a través de un proceso de selección, el progresivo predominio en el genoma humano de aquellos «genes ahorradores» que favorecían el depósito de energía y permitían que estos individuos tuvieran una mayor supervivencia y alcanzaran la edad de la reproducción.

Pero la teoría de modelo imaginario de belleza también ayuda a comprender lo relativo a las razas y el racismo.

Hay reportes históricos de que ciertos pueblos africanos expresaban un fuerte rechazo hacia las personas de raza blanca. La encontraban desteñidos y sentían asco por estas personas.

Ya en esta región del mundo, y en esta época, luego de pasar por procesos históricos como la esclavitud que afectó la imagen de los negros. El modelo imaginario de belleza excluye las características de esta raza.

Si en lugar de negros, los esclavos hubiesen sido blancos, la imagen pública de los blancos se abría afectado del mismo modo que se afectó la imagen pública del negro, de tal modo que el propio negro terminó rechazando su color.

La corrección del problema parece que se tomará algún tiempo, aunque algunas campañas y acciones recientes darán frutos a largo plazo.

Recientemente una actriz de raza negra fue declarada

la mujer más linda del mundo por parte de una revista de gran prestigio internacional. Esto surtirá sus efectos con el tiempo, especialmente si aumentan las acciones de esta naturaleza. La antropología explica con gran exactitud la razón de ser de las razas. Por eso en el próximo capítulo veremos detalles ofrecidos por un famoso antropólogo dominicano en su manual de antropología práctica y comprenderemos que la forma fisionomía de cada raza obedece a una razón lógica y de ninguna manera aumenta o reduce el valor del individuo.

Leonardo Castillo

5 LAS RAZAS

Desde el punto de vista del genoma humano, existe una sola raza, la humana. Pero desde el punto de vista social, la gente distingue muchas rasas diferentes.

Comprender que ninguna raza es mejor que la otra es fácil cuando se cuenta con ciertos conocimientos especializados como por ejemplo en el área dela antropología.

La antropología es la ciencia que estudia la evolución humana.

Una definición más amplia aunque similar aparece fácilmente en la red: "La antropología es una ciencia comprensiva general que estudia al hombre en el pasado y en el presente de cualquier cultura. Esta se divide en dos grandes campos: la antropología física, que trata de la evolución biológica y la adaptación fisiológica de los seres humanos, y la antropología social o cultural, que se ocupa de las personas viven en sociedad, es decir, las formas de evolución de su lengua, cultura y costumbres"

Fernando Luna Calderón es un prestigioso antropólogo dominicano fallecido a destiempo, que dejó una gran obra en esa área. Uno de sus manuales describe de forma fascinante y a la luz de la ciencia porque se observan diferencias físicas entre blancos y negros.

Lo primero que me llamó la atención es lo relativo al color de la piel. Los científicos han encontrado que la piel de los negros posee un sistema natural de protección solar. Por lo cual los antropólogos entienden que ese sistema natural de protección solar ha sido desarrollado por humanos que residen en las zonas tropicales del planeta. Se llama Melanina. La melanina es un pigmento que se halla en la mayor parte de los seres vivos. Y hay algo más según entramos en la enciclopedia en línea wikipedia La producción de melanina es estimulada por el daño en el ADN inducido por la radiación ultravioleta.1 Las propiedades químicas de la melanina la hace un fotoprotector muy eficiente. Absorbe la radiación ultravioleta nociva y transforma la energía en calor que resulta inofensivo a través de un proceso llamado «conversión interna ultrarrápida» Esta propiedad permite a la melanina disipar más del 99,9% de la radiación absorbida en calor.2 Esto previene el daño indirecto al ADN. Esto significa que las personas de piel negra han desarrollado una protección especial contra la radiación solar. Por eso Luna Calderón asegura que las personas de piel blanca provienen de climas fríos, donde la luz solar no es tan intensa como en el trópico, por lo cual no han desarrollado la protección señalada. Pero también el pelo y la nariz de un negro están diseñados para el clima tropical. El pelo rizado protege el cerebro contra la radiación solar.

La nariz con fosas nasales amplias cumple la función de enfriar el aire antes de que llegue a los pulmones.

En las personas de raza blanca existe una protección similar pero contra el frío. El pelo lacio de los blancos protege su cerebro contra el frío y su nariz perfilada cumple la función de calentar el aire frío por medio de la frotación antes de llegar a los pulmones. Según Luna Calderón en su manual de antropología, también el color de los ojos está relacionado con el clima. Los ojos claros, verdes, azules etc. son más sensibles a la luz. Están diseñados para ver mejor en climas fríos y grises. Mientras que los ojos negros y marrones están diseñados para resistir sin dificultad la intensidad de la luz en el trópico.

Este tema está bastante estudiado y hay mucha información científicamente comprobada que permite concluir que el color de la piel, la forma de la nariz, el color de los ojos y el pelo, simplemente guarda relación con el medio ambiente y el clima al cual se ha adaptado el individuo, en un proceso de cierta cantidad de tiempo.

Ser negro o ser blanco no tiene que ver con ser mejor o peor.

Tampoco implica ser más bello o más feo. De todos modos cuando lo feo genera un rechazo muy, muy real que intentaremos explicar en el siguiente capítulo.

El instinto de conservación. Antes sin embargo, y a modo de colofón, dejaremos en este punto un artículo sobre la extraña e inexplicable desaparición de la raza negra en Argentina, publicado por el digital ABC de España.

Más tarde o más temprano la pregunta llega. ¿Por qué no hay negros en Argentina? El turista compara con países vecinos como Brasil y Uruguay y otros más lejanos como Cuba o República Dominicana, donde los afro descendientes son multitud y busca una explicación. La hay.

Argentina no fue una excepción en el tráfico de esclavos que llegaron a hispano américa tras la conquista. En 1810, al menos un tercio de los habitantes de Buenos Aires eran esclavos negros.

Desembarcaban hacinados en los barcos y se convertían en mano de obra gratis para trabajar en en el servicio doméstico o desarrollar oficios y tareas manuales. En aquella época, tener un negro en casa era un signo de distinción. «Se los podía comprar, vender, alquilar y hasta hipotecar. El esclavo era una forma de inversión: su amo le daba el apellido y lo ponía a estudiar un oficio de sastre o carpintero», recuerda Diego Valenzuela, en el libro «Enigmas de la historia Argentina».

En Buenos Aire los barrios de Montserrat y San Telmo – hoy célebre por su mercadillo de antigüedades– concentraron el mayor número de esclavos. Los amos solían abusar sexualmente de las mujeres y se multiplicaban los descendientes mulatos, término que viene de «mula», animal con el que se identificaba a las mujeres de raza negra.

Buena parte de estos esclavos eran desplazados a la provincias coloniales. La primera escala solía ser Córdoba y de ésta los llevaban a las norteñas de Catamarca, Santiago del Estero, La Rioja, Tucumán y Salta. La ruta seguiría posteriormente a Perú y al norte de Chile.

«En el primer censo de 1778 hay ciudades que tienen un 35 y un 40 por ciento de esclavos», asegura Valenzuela. Según cálculos del historiador Jorge Gelman, «a mediados del siglo XVIII un esclavo cotizaba en Buenos Aires entre 100 y 200 pesos (unos quince euros), contra unos 800 en Potosí, por el traslado desde el río de La Plata». Próceres argentinos como Juan Manuel de Rosas, en 1825, podía presumir de tener treinta y tres esclavos en sus fincas. Los «bozales», como les bautizó la población blanca porque no entendía una palabra del idioma de esos hombres de labios gruesos, estaban considerados mercancía y también formaban parte del equipaje de las órdenes religiosas, «sobre todo los jesuitas que fueron los principales propietarios de esclavos. Eran su mano de obra clave», observa Valenzuela antes de ilustrar, «en La Rioja, por ejemplo, de 800 esclavos que había en la ciudad, 400 eran de los jesuitas».

¿Qué pasó entonces?

No hay una sola razón que explique su aparente desaparición del mapa argentino y permita que se instale el mito, en el siglo XIX, de que en Argentina siempre fueron todos blancos descendientes de los barcos. «Las guerras de la Independencia, la Guerra del Paraguay, la fiebre amarilla y especialmente el mestizaje», son algunas de las causas que resume Diego Valenzuela para explicar el actual panorama.

Goldberg, por su parte, considera como elemento a tener en cuenta la abolición de la esclavitud que se produjo con la Constitución de 1853, Carta Magna que Buenos Aires acepta en 1860. «La prohibición de trata -asegura- que frena el ingreso de esclavos, la alta mortalidad de este segmento de la población y las guerras de independencia», son motivos que llevan, «necesariamente -afirma- a la desaparición por mestizaje».

Dicho esto, según estudios recogidos en el libro de Diego Valenzuela, hoy «se estima que el número de afrodescendientes se sitúa entre el 4 y el 6 por ciento de la población».Puestos los porcentajes en números hablamos de «unos dos millones de personas.

Leonardo Castillo

6 EL INSTINTO DE CONSERVACIÓN

Lo feo genera un rechazo que se expresa en forma de una sensación muy desagradable. La pregunta que surge es ¿de dónde proviene esa energía? Al observar el fenómeno encontramos un vínculo entre lo que inicialmente denominamos como el Sistema de Defensa Interna, o lo que los expertos describen como el Instinto de conservación y una alerta de peligro que podría no ser real.

Vamos por parte. ¿Qué es el instinto de conservación?, pues la mejor definición indica que se trata de "un conjunto de pautas de conducta que se transmiten genéticamente, y que contribuyen a la conservación de la vida del individuo y de la especie".

Esto implica que ese instinto actuará ante un peligro real o imaginario.

Pues para los propósitos de este capítulo vamos a llamarle SDI o Sistema de Defensa Interna, que es como le llamamos en la versión de Todos Somos Bellos.

Cuando estamos frente a un peligro real, simplemente actuamos para salvaguardar la vida. Esa actuación se produce de forma instantánea, el pulso de acelera, la respiración se agita y la bilirrubina sube y damos un brinco increíble, y luego todo retorna a la normalidad sin mayores complicaciones.

Los problemas parecen surgir cuando aparece una falsa alarma.

Me explico. Cuando estamos frente a lo feo, la imagen captada por la vista lleva al cerebro la información de peligro que el Sistema de Defensa Interna utiliza para despachar una cantidad de energía que permitiría al organismo humano protegerse del supuesto peligro. Pero como el peligro no es real el organismo no encuentra una acción concreta en la cual utilizar la energía que el SDI le ha suministrado. Y como la energía no se elimina ni se consume, sino que se transforma o se manifiesta. Esta energía se manifiesta en forma de una sensación desagradable. En síntesis lo que todo esto significa es que cuando algo nos parece feo y sentimos repulsión, ese algo no tiene ningún problema con respecto a nosotros, sino que somos nosotros los que estamos padeciendo de un trastorno que nos dificulta una relación afectiva con ese algo que encontramos feo.

En el siguiente capítulo veremos el tema de lo sexy y comprenderemos cómo funciona la naturaleza de la atracción sexual.

En síntesis lo que todo esto significa es que cuando algo nos parece feo y sentimos repulsión, ese algo no tiene ningún problema con respecto a nosotros, sino que somos nosotros los que estamos padeciendo de un trastorno que nos dificulta una relación afectiva con ese algo que encontramos feo.

Leonardo Castillo

7 LO SEXY

Lo sexy se necesita para la reproducción animal. Si algo resulta bello y placentero a la vista, eso es lo sexy. Pero qué es lo sexy realmente.

Hay varias definiciones, he visto varias pero no me gusta ninguna. Prefiero una definición breve y general de los sexi. Es algo que contribuye con la reproducción.

Ahora bien, he visto un video de youtube donde aparece **Dan Dennett, con el tema: Cute, sexy, sweet, funny, en español sería**: lindo, sexy, dulce y divertido Dennett dice que no existe nada intrínsecamente lindo, sexy, dulce o divertido, sino que todo ocurre en el cerebro.

Pero los gráficos que utiliza para apoyar su tesis, son contundentes.

Por ejemplo, y solo utilizaremos un ejemplo, para lo sexy; muestra una foto donde aparecen cuatro jóvenes en biquinis de espalda mostrando una pose muy sugerente y sensual.

De inmediato Dennett pregunta, es esto sexy?, y agrega que si esto es lo sexy, entonces la madre naturaleza tiene serios problemas con... Muestra la imagen de una pareja de orangutanes donde el macho exhibe gran interés por los exuberantes genitales de la hembra.

Entonces está claro que la imagen de las jovenes en biquinis representa poca cosa para los orangutanes, y lo que atrae a los orangutanes significa poca cosa para nosotros.

Parece claro que el proceso de atracción se produce dentro de nuestro cerebro.

Agreguemos que ese proceso es aprendido y que hay maneras de controlarlo en beneficio de la gente.

Sin ánimo de abundar más sobre esto, en el próximo tema veremos la relación entre salud y belleza.

Todos Somos Bellos

Parece claro que el proceso de atracción se produce dentro de nuestro cerebro. Agreguemos que ese proceso es aprendido y que hay maneras de controlarlo en beneficio de la gente.

Leonardo Castillo

8 SALUD

¿Porque lo saludable parece bello? La salud y la belleza están vinculadas de muchas maneras.

Recordemos la teoría del instinto de conservación y notemos que lo enfermo suele ser interpretado por el cerebro como una amenaza o peligro que puede ser o no ser real.

Lo cierto es que ante todo peligro surge una cierta cantidad de energía puesta a disposición de la víctima para defenderse. Esta energía es la que se manifiesta en forma de rechazo.

Desde un punto de vista práctico, quizás la idea de una campaña masiva de reeducación del sentido del gusto para que la gente también disfrute al contemplar lo enfermo, quizás no sería recomendable.

Lo bueno de comprender estos procesos radica en el hecho de que ahora podemos rechazar lo enfermo limitando el rechazo a la condición, no al individuo.

Podemos definir y delimitar la búsqueda de la salud con metas objetivas y libres de confusiones. Y que decir cuando nos vemos enfermos por la razón que sea.

Podemos reconocer la enfermedad y buscar la salud sin afectar nuestra autoestima y conscientes de lo que intrínsecamente valemos.

En el siguiente tema veremos la relación entre belleza y carisma.

Podemos reconocer la enfermedad y buscar la salud sin afectar nuestra autoestima y conscientes de lo que intrínsecamente valemos.

Leonardo Castillo

9 CARISMA

El carisma es un tipo de atracción ejercida por algunos individuos, los cuales no necesariamente son calificados de bellos.

Por eso el tema es interesante, porque se trata de actitudes y aptitudes que vencen las barreras de los prejuicios y tienen la capacidad de sobreponerse al rechazo.

José Francisco Peña Gómez, un carismático líder político dominicano es un ejemplo de lo anterior.

Descendiente de haitianos fue adoptado por dominicanos que lo criaron como hijos propios y le dieron la nacionalidad dominicana.

Su aspecto físico estaba completamente divorciado de la mayoría de los modelos imaginarios de belleza de la sociedad dominicana.

Sin embargo atrajo como un imán a miles de seguidores en todo el país al punto de que quedó en primer lugar en la primera vuelta de las elecciones presidenciales dominicanas del 16 de mayo de 1996.

En su vida personal fue capaz de hacer pareja con

mujeres de raza blanca a las cuales enamoró con su carisma. Entonces podemos decir que si bien puede ser cierto que ser "bello" de la forma en que lo entiende la gente común, conviene para transitar por la vida con mayor facilidad. También es cierto que el carisma se sobrepone a todos los obstáculos. Ese carisma es mucho más fácil desarrollarlo cuando se cuenta con una compresión objetiva de estos temas y manejamos el asunto sin caer en complejos o en la afectación de nuestra autoestima. Es decir, si estamos plenamente conscientes de que somos intrínsecamente bellos y valiosos, aún cuando la sociedad por las distorsiones y trastornos que la afectan no logra disfrutar de nuestra belleza exterior.

En el próximo capítulo veremos los vínculos entre la belleza y el arte, o las artes.

El carisma es mucho más fácil desarrollarlo cuando se cuenta con una compresión objetiva de estos temas y manejamos el asunto sin caer en complejos o en la afectación de nuestra autoestima.

Es decir, si estamos plenamente conscientes de que somos intrínsecamente bellos y valiosos, aún cuando la sociedad por las distorsiones y trastornos que la afectan no logra disfrutar de nuestra belleza exterior.

Leonardo Castillo

10 EL ARTE

Con todo lo que hemos visto nos resulta mas fácil comprender la visión estética de artistas abstractos que presentan como bellos, objetos que en principio no nos parecen.

Son educadores y llevan a cabo su propia campaña de reeducación del sentido del gusto de la gente.

En todo caso algunos artistas no están buscando esto, sino que desean producir obras de arte que generen placer y deleite al ser contempladas.

Visto así, ahora sabemos que en alguna medida el artista tendrá que estudiar su blanco de público y suponer cuál es el gusto artístico de ese público.

En este capítulo nuestra intensión buscaría que el lector en su rol de púbico entienda que lo conveniente es incrementar los niveles de flexibilidad contemplativa para que nuestro gusto se amplíe y tengamos mayor capacidad de disfrute, y por tanto de ser felices que es nuestro objetivo. Asimismo buscamos que nuestro lector en rol de artista comprenda que tiene dos opciones, una que busca reeducar el sentido de la contemplación del público con propuestas que induzcan a una visión y un catálogo más amplio de posibilidades y por el otro lado, ya que somos expertos en el tema, lograr, si es que nos lo proponemos, con gran facilidad una obra estéticamente aceptada.

En ese sentido hay unas reglas que la aprendí en la escuela de diseño gráfico y que se aplican de alguna manera a las artes plásticas en general incluyendo la decoración de interiores que quiero presentar aquí para dejarla como tema de debate por un lado y para consumo personal en las reflexiones particulares de cada quien.

Los expertos en diseño gráfico distinguen seis reglas que permiten obras estéticamente aceptables. Y uso el caso del diseño gráfico porque aquí hay un problema que tiene que ver con complacer a un cliente.

Es un artista que tiene que presentar un producto, el cual, tiene que dejar complacido al cliente que pagará por el servicio. Distinto al pintor, dibujante o escultor, quienes pueden presentar su obra a la consideración del púbico y si no se venden, pues lo que hay que hacer es una mejor campaña de relaciones públicas y marketing hasta lograr su aceptación.

Pues comenzamos con la primera de esas reglas conocida como balance.

1- Balance es la cualidad visual que genera una sensación de equilibrio en la imagen que estamos viendo. La gente rechaza una imagen que se va de lado. Es decir, el balance genera una sensación visual de que el lado derecho de la obra tiene el mismo peso que el lado izquierdo. Hay dos tipos de balance, el balance simétrico es cuando la imagen puede ser dividida por el medio y se aprecian los mismos componentes de ambos lados, como el rostro de una persona por ejemplo, tiene un ojo de un lado y otro ojo igual del otro. Una oreja de un lado y otra igual del otro y así sucesivamente.

El balance asimétrico es uno que no se aprecia tan fácilmente pero se percibe porque los elementos a ambos lados de la obra están balanceados.

Una imagen visual está des balanceada cuando un lado pesa más que el otro. Dicen los expertos que el ojo humano está entrenado para percibir y rechazar el des balance.

El balance asimétrico es el más difícil de lograr porque depende de un criterio muy sugestivo para valorar el peso visual de los elementos que componen la imagen.

La segunda regla del diseño gráfico es la unidad.

2- La Unidad es una cualidad que facilita establecer un

vínculo o relación entre los distintos elementos que componen la imagen. Algunos artistas logran la unidad por medio del color. Otros por medio de la forma y otros por medio de la naturaleza de los elementos. Lo importante es que ningún elemento se vea divorciado del conjunto, ya que esto genera rechazo en el observador. La tercera regla del diseño gráfico es la legibilidad.

3- La legibilidad en principio se aplica a los textos en el sentido de que si se escribe algo para que se lea debe ser de fácil lectura, pero en términos generales desde el punto de vista estético lo importante de la legibilidad es que los códigos usados sean fácilmente des codificables por el observador. Hay otras dos reglas que son la Jerarquía y la Nitidez que tienen que ver con establecer una relación jerárquica entre los elementos que componen el todo, de tal manera que el observador pueda distinguir fácilmente cual es más importante que cual. Y la nitidez se refiere a que a que lo que es para verse se vea. Si es una fotografía que no esté fuera de foco o desteñida, si es un carro o una ropa que se vea nueva. En el siguiente capítulo veremos el tema de las arrugas.

11 LAS ARRUGAS

Uno de los más grandes temores de la juventud privilegiada que exhibe y presume de su belleza y aún la no demasiado privilegiada, es la llegada de las arrugas con el paso de los años.

De pronto se presenta una cruel paradoja. No quieres morir joven pero mucho menos llenarte de arrugas al llegar a viejo.

Algunos optan por usar gran cantidad de productos cosméticos y otros llegan a someterse a cirugías estéticas pero lo cierto es que las arrugas siempre llegan, en ocasiones a destiempo, a menos que la vida colapse antes.

La gente rechaza al viejo y lo encuentra feo. Ahora sabemos que la gente tiene problema, y en este caso son problemas realmente graves.

El rechazo por lo viejo es una conducta aprendida y como tal también podemos aprender lo contrario con una intensa campaña de reeducación que nos reforme de tal manera que desarrollemos gusto por las arrugas.

Lo cierto es que la industria de la cosmetología mantiene una intensa campaña en sentido contrario.

Millones de pesos se invierten en la radio y la televisión, prensa escrita, volantes, casa por casa, boca a boca, en salones de belleza y otros centros.

Aunque lo que desean es vender sus productos, dejan un daño colateral irreparable, cuando insisten en que hay que evitar las arrugas, las arrugas son feas, use tal o cual producto etc.

Curiosamente la mujer, quien es el blanco de público de estas campañas y quien mayores afanes manifiesta por evitar la vejez, es justamente quien disfruta de una juventud mas corta.

He conocido hombres de hasta 72 años de edad que aún disfrutan del gimnasio, fuerza, vitalidad, enamoramiento y juventud, mientras que una mujer de 60 ya es considerada una anciana rechoncha.

Lo que queremos dejar claro en este punto es que mientras imperen los criterios actuales con respecto a la edad. Mientras la cosmetología mantenga sus campañas anti arrugas y los cirujanos ofrezcan a sus pacientes estiramientos faciales como una solución a algo que no es necesariamente un problema, la humanidad debe considerarse afectada de un terrible atraso en materia de estética, humanismo e inteligencia emocional.

Ahora bien, ¿como superar ese atraso? Vamos por

parte, primero, y puesto que hemos identificado la industria cosmética y sus campañas de marketing de sus productos como una de las causas de la conducta aprendida de rechazo a los viejos, estudiemos un poco más este tema, ¿qué es y cómo funciona la cosmetología? Lejos de ser simplemente la correcta aplicación de maquillajes (como muchos consideran a esta actividad), la cosmetología es una aplicación científica dependiente de la dermatología, cuyo principal campo de acción es la piel del rostro y de todo el cuerpo, con el objetivo de embellecerla de manera saludable.

En esta disciplina científica se toman en consideración temas como estado general de salud, condiciones médicas de la piel, pigmentación, alergias, y también asuntos como actividades laboral y social de la persona, su edad y su tratamiento rutinario de higiene y belleza.

Y ciertamente luego de ver la definición procedamos a analizar la actividad del cosmetólogo. Una revista digital especializada en este tema consultada por nosotros, indica que en la primera consulta, el especialista hará una evaluación de la persona. Analizará su condición de salud y la de su piel, en un análisis detallado y específico. A partir de este conocimiento y del objetivo buscado, el profesional determinará el plan de tratamiento, en sesiones con técnicas y productos que buscarán embellecer, rejuvenecer, regenerar o curar la piel de afecciones como el acné, la celulitis, las manchas, coloraciones y otros tratamientos.

El cosmetólogo también te aconsejará un plan de prevención de males de la piel, y podrá asesorarte sobre su cuidado de la acción de los rayos solares y del tipo de alimentación que debes seguir para tener una piel tersa y libre de imperfecciones.

Visto así, entonces surge una pregunta obligada ¿qué es lo malo de todo esto? Y la respuesta podría ser otra pregunta. ¿será posible desarrollar las actividades de esta disciplina sin fomentar un desprecio progresivo por la vejez? Si logramos algo así, entonces y solo entonces la humanidad habrá superado su atraso en materia de estética y relaciones humanas.

Algunos artistas plásticos son educadores y llevan a cabo su propia campaña de reeducación del sentido del gusto de la gente.

Pero otros artistas no están buscando esto, sino que desean producir obras de arte que generen placer y deleite al ser contempladas, aún y sobre todo por un público de gusto muy exigente, por tanto muy distorsionado.

Leonardo Castillo

12 VAGINOPLASTÍA

Se ha puesto de modas un tipo de cirugía que busca rejuvenecer los órganos reproductores de la mujer.

Ya hace algunos años las jóvenes han desarrollado la costumbre de rasurarse el vello púbico y en conjunto todas estas conductas promueven como ideal una vagina infantil y cierto rechazo al aspecto normal de la vagina de la mujer adulta.

Al mismo tiempo las estadísticas registran un incremento en los casos de abuso sexuales contra menores y un aumento de la población de homosexuales.

Abusos sexuales contra menores

Cuando hablamos de abusos sexuales contra menores, estamos usando un término amplio que incluye el manoseo de la zona privada de la niña por parte de adultos cercanos.

Su tío la manoseaba

Para entender lo grave que podría ser esto es útil el caso de una paciente de la reconocida psicóloga dominicana Nancy Álvarez, quien nos contó que acudió al consultorio de la afamada profesional de la conducta porque se sentía trastornada y no lograba avanzar en la vida.

La paciente descubrió que la causa de su trastorno tenía que ver con hechos que creía haber olvidado.

Siendo una niñita de unos seis añitos aproximadamente tenía un tío que le metía las manos por debajo de la faldita.

La niña parecía disfrutar esa experiencia en el momento en que ocurría e incluso buscaba la manera de llegar hasta su tía cada tarde para ver televisión juntos mientras él le metía los dedos por debajo de los pantisitos sin que nadie sospechara nada.

Pero esa situación enfermó a la niña de un modo irreversible.

Al convertirse en adulta, el incidente con el tío quedó como cosa del pasado, pero desde su subconsciente, le generaba un terrible y devastador complejo de culpa.

Se sentía como una mala mujer, una bandida, sinvergüenza, una depravada, una cualquiera.

La psicóloga solucionó el caso, haciendo saber a la paciente que se culpaba a si misma por acciones cuyo responsable principal era el adulto que la abusó.

Le hizo saber que había sido víctima de un abusador.

Que las niñas suelen sentir placer al ser estimuladas en sus órganos genitales, y que ello no las hace malas, ni sinvergüenzas, ni bandidas, ni depravadas ni cualquiera.

Que son los adultos los que están llamados a proteger a las niñas y niños y garantizarles un tratamiento acorde con los principios aceptados en el medio familiar en que se desarrollan.

Ahora surge otra pregunta, en relación al nivel de culpa del abusador. ¿Es realmente un desparvado?, sobre todo situado en un medio donde se le rinde culto a la vagina infantil y joven y se promueve solapadamente el rechazo a los genitales femeninos adultos.

Por otro lado están las reacciones hormonales normales de las personas. Parece que no hay que ser un depravado para incurrir en un abuso similar al descrito anteriormente, sobre todo si el individuo no es totalmente consciente del daño a largo plazo que está ocasionando.

La solución a esto la tiene Doña Lala, la abuela materna de mis hijos. Promovía una distancia entre las niñas y los barones, así sean sus tíos, padrinos o primos.

80 por ciento de vaginoplastías y labiopastías so hacen por razones más psicológicas que reales.

Pero todo lo anterior es sólo un daño colateral. Lo que mueve hacia el culto a la vagina juvenil o infantil es un drama que aparece descrito en un video en Youtube.

En ese video el doctor José Miguel Barroeta asegura que muchas jóvenes están muy acomplejadas por el aspecto de sus genitales, al punto de que nunca han logrado intimidad con las luces encendidas con su pareja o disfrutar plenamente de su sexualidad.

Dice que hay mujeres que buscan una vaginoplastía o labioplastía porque desean rejuvenecer sus genitales después del parto o porque se quejan de deficiencias en el acto sexual, pero que en el 80 por ciento de los casos, lo que existe es un problema de carácter psicológico.

Un artículo muy profesional aparecido en una revista digital sobre el tema plantea lo siguiente: "La Vaginoplastía revierte la relajación de las estructuras de la vagina debido a partos, episiotomías o producto del envejecimiento natural, devolviendo la firmeza necesaria para una adecuada gratificación sexual.

Recientemente la vaginoplastía ha ganado popularidad como una opción para mujeres que desean incrementar la confianza en su propio cuerpo, así como revertir la flacidez asociada a un parto, a una episiotomía o al envejecimiento.

Se considera que la reducción del diámetro de la vagina también puede asociarse con un incremento de fricción al momento de las relaciones sexuales.

La vaginoplastía ha despertado controversias; sus detractores señalan que esta operación por sí misma no es capaz de incrementar la satisfacción sexual, ya que ésta es un fenómeno multifactorial con ingredientes tanto fisiológicos como psicológicos y sociales.

Sin embargo, otros argumentan que la confianza de la mujer en su anatomía por sí misma es un factor que puede incidir significativamente en una relación sexual satisfactoria.

La vaginoplastia debe ser realizada por un especialista; en general, no se considera dentro del área de especialidad de un cirujano plástico.

Como especialista en piso pélvico y el área vaginal, lo más indicado sería acudir con un uroginecólogo con entrenamiento en cosmetología ginecológica.

Si estas considerando la vaginoplastia como opción, es importante que hables abiertamente con tu médico acerca de tus inquietudes, dudas y sobre todo, acerca de tus expectativas.

La vaginoplastia es una de las cirugías que se agrupan bajo el concepto de "rejuvenecimiento vaginal", "estética vaginal" o "cosmetología ginecológica", junto con otros procedimientos como la labioplastía, reducción del capuchón del clítoris y/o amplificación del punto G.

La vaginoplastia se puede realizarse con anestesia local y el procedimiento toma alrededor de una o dos horas. En general, se maneja como cirugía ambulatoria y la paciente egresa después de la cirugía a recuperar a su casa.

A pesar de ser un procedimiento relativamente sencillo, la vaginoplastia, como cualquier otra cirugía, presenta ciertos riesgos: sangrados, hematomas, infección, dehiscencia de las suturas entre otros. Lograr la amplitud de la vagina que requiere la paciente se valora en forma individual ya que si no se logra puede causar dolor en la relación o no obtener los resultados deseados.

Debes discutir todos los riesgos con tu especialista antes de tomar la decisión de realizar una vaginoplastia. Los cuidados post operatorios pueden incluir un período de 6 a 8 semanas de "reposo pélvico" durante el cual la paciente debe abstenerse de tener relaciones sexuales, realizar esfuerzos excesivos, utilizar ropa muy ajustada y otros cuidados. En general, es posible retomar las actividades cotidianas dentro de los siguientes 4 a 7 días". Vista la opinión de los expertos sólo nos restaría insistir en que buscar salud y confort respecto a los órganos genitales podría lograrse sin una promoción solapada de la vagina infantil o juvenil. Los hombres nos hemos excitado, y disfrutado por décadas el aspecto visual de los genitales femeninos adultos y lo hemos encentrado rabiosamente bellos.

La mujer que tiene otra educación respecto a sus propios genitales debe entender que ella no necesita encontrarlos bellos para disfrutar de sus funciones. Debe evitar imponernos su punto de vista.

En el próximo capítulo hablemos sobre olores.

La psicóloga solucionó el caso, haciendo saber a la paciente que se culpaba a si misma por acciones cuyo responsable principal era el adulto que la abusó.

Le hizo saber que había sido víctima de un abusador. Que las niñas suelen sentir placer al ser estimuladas en sus órganos genitales, y que ello no las hace malas, ni sinvergüenzas, ni bandidas, ni depravadas ni cualquiera.

Que son los adultos los que están llamados a proteger a las niñas y niños y garantizarles un tratamiento acorde con los principios aceptados en el medio familiar en que se desarrollan.

13 EL MAL ALIENTO

Esos feos olores que te salen por todas partes, cuanto se te escapa un gas traserístico o simplemente por la boca cuando hablas, en verdad no son tan feos olores.

Solemos rechazarlo porque lo asociamos a las heces fecales, la pupú, la "mierda", y desde niños nos han enseñado a rechazarla.

Quizás hemos visto un niño muy pequeño manoseando las heces fecales sin el menor gesto de rechazo.

Y también habremos visto al adulto que lo está entrenando acercarse y decirle: "fo pupú", "asco che" diciendo esto acompañado de un gesto de desprecio y rechazo.

Y es así como aprendemos a rechazar los malos olores.

También somos entrenados para gustar de olores específicos como el olor de los perfumes y el olor de las flores. Vemos en nuestra imaginación el suspiro y el gesto de satisfacción de nuestro entrenador a oler un perfume.

En conclusión los olores no son buenos ni malos, ni feos ni lindos, ni agradables ni desagradables. Simplemente son olores. Aprendemos a disfrutarlos o a rechazarlos.

Pero de todos los olores hay uno que queremos tratar con especial atención, el cual presentamos como título de este capítulo.

El mal aliento, es definido como, un mal olor que proviene de la boca.

Toda una industria ha surgido alrededor de la higiene bucal.

Algunas empresas son tan descaradas en su afán de lucro, que en sus campañas dan a entender que todos tenemos mal aliento.

"La mayoría de las personas tiene mal aliento en ocasiones, ya sea por la mañana o después de consumir algunos alimentos.

El mal aliento crónico por otro lado, puede ser un asunto delicado y embarazoso y lo puede sufrir mucha gente" es obvio que estas compañías buscan vendernos sus productos y el primer paso es convencernos de que necesitamos sus servicios.

Las causas del mal aliento

"El mal aliento proviene por lo general de bacterias en la boca, a menudo en la lengua. El mal aliento puede estar causado por la comida, una insuficiente salud dental, el consumo del tabaco y ciertas enfermedades".

• Comida: El cepillado y el uso de hilo dental (Nuestros productos) todos los días es fundamental para quitar partículas de comida que se quedan en la boca y entre los dientes.

Esas partículas pueden ser un medio de crecimiento de bacterias y causar mal aliento. • Una higiene dental inadecuada: Si no te limpias los dientes, las encías y la lengua de forma regular, la placa (un depósito sin color compuesto de bacterias) puede acumularse, generando mal aliento. • El uso del tabaco: Fumar puede causar mal aliento crónico porque el alquitrán y la nicotina se acumulan en las superficies de la boca. Además, fumar bloquea el flujo de la saliva, lo que lleva al crecimiento de bacterias." "Pregúntale a tu doctor sobre consejos para dejar de fumar". • Enfermedades: "Enfermedades tales como infecciones de los conductos respiratorios, sinusitis crónica, goteo postnatal, bronquitis crónica, la diabetes, molestias gastrointestinales, o dolencias del hígado o los riñones pueden causar mal aliento".

Cómo eliminar el mal aliento

Para ayudarte a eliminar el mal aliento, asegúrate de cepillarte tres veces al día o después de cada comida; y usar hilo dental al menos una vez al día para quitar los restos de comida, sitio que puede convertirse en medio donde viven bacterias que pueden causar el mal aliento de la boca.

El enjuague bucal con flúor también es efectivo para tratar el mal aliento porque ayuda a eliminar bacterias que causan el mal aliento.

Para mantener tu aliento fresco entre cepillados prueba: • Enjuagarte la boca con agua después de comer • Comer una dieta nutritiva, ya que la falta de vitaminas puede contribuir al mal aliento • Usar el enjuague con flúor para combatir el mal aliento sin el ardor del alcohol • Cepillarte la lengua además de los dientes y las encías".

La lengua es un lugar usual para que se depositen bacterias que causan el mal aliento. Cepillarte la lengua debería ser parte de tu rutina general para ayudarte a quitar bacterias de ésta área. Asegúrate de consultar un dentista si continúas teniendo mal aliento crónico.

El mal aliento crónico puede ser una señal del principio de una enfermedad periodontal.

Si ya lo has hablado con tu dentista y él o ella cree que no es debido a un problema de higiene dental, debes consultar con tu doctor general.

El mal aliento puede ser también una señal de problemas gástricos (estómago/esófago).

Brotes locales de mal sabor en la boca o simplemente la imposibilidad de que se mantenga fresca, es por lo general un síntoma de problemas en la lengua.

Es recomendable cepillarse la lengua o incluso usar un cepillo con limpiador de lengua.

Los cepillos con limpiador de lengua están disponibles en la mayoría de las farmacias.

Enjuagarse puede ser beneficioso cuando se usa junto a un buen cepillado y el uso de hilo dental.

Otros sabores desagradables en tu boca pueden provenir de infecciones respiratorias, o problemas médicos que involucran sustancias en el flujo sanguíneo que producen sabores u olores desagradables. "

Luego de ver la opinión de los expertos en relación al tema del mal aliento, solo nos resta insistir en que se puede procurar la salud sin afectar nuestra autoestima.

Siempre consciente de que los signos y síntomas que

sirven para orientarnos en esa búsqueda de la salud bucal de ninguna manera determinan nuestra valía ni justifica el rechazo expresado en nuestro perjuicio.

La clave de este debate es la siguiente. Todo lo que aprendemos y sirve para hacer mejor nuestras vidas y la de los que nos rodea, es un aprendizaje correcto, positivo y bueno. Pero cuando ciertos aprendizajes limitan nuestras capacidades de disfrute y felicidad, esas conductas aprendidas son trastornos que podríamos contemplar buscarle alguna solución, siendo el primer paso la comprensión de los mismos.

Si los debates a lo largo de esta obra han contribuido a entender el fenómeno de la belleza, este esfuerzo ha valido la pena. Si por alguna razón sigue siendo este un tema confuso y difícil de entender, entonces hay que seguir trabajando en el mismo. Por eso estamos invitándoles a formar parte de una comunidad que se reúne a discutir estos temas en el blog que tiene por nombre el mismo título de este libro. Http://todossomosbellos.com donde compartiremos puntos de vistas tan amplios como cabezas tiene el mundo. También deseo aprovechar estas palabras finales para recomendar otros libros que he puesto en AMAZON y que aparecen al poner mi nombre, Leonardo Castillo, en el buscador.

Dr. Vander

Este libro me hace muy feliz haberlo puesto al alcance de todos en amazon.com, porque creo que estoy muy saludable desde el punto de vista sicológico, la gente dice que soy muy calmado y yo sé que me siento muy bien. Pero no siempre fue así. Sé que alguna vez me sentía horrible. Lleno de angustias y ansiedad. Recuerdo cuando me encontré con aquel libro del doctor Adrian Vander Put titulado "Carácter y Personalidad". Me volví un fanático del doctor Vander y me leí sus mejores trabajos. El doctor Vander me enseñó todo lo que se de psicología. Resolví gracias a sus enseñanzas a controlar mis conflictos emocionales, mis neurosis, angustias, ranciedades y me convertí en una persona realmente feliz. Con el paso de tiempo, los mejore libros del doctor Vander están descontinuados, pero la gente sigue enferma por las sustancias perturbadora y neurótica por las ideas perturbadoras. Así que he rescatado mi propia memoria todos esos conocimientos y he presentado esta investigación periodística en las manos de todos.

Sueños de Media Isla

El tema de os derechos humanos a propósito de la promulgación de una nueva constitución en mi país, la República Dominicana, en el año 2010, cuando fueron incorporadas numerosas novedades que de alguna manera recogen los sueños de justicia y equidad no solo del pueblo dominicano, sino de todos los pueblos hispanos y la humanidad en términos generales.

MEM

El manual para escritores modernos, MEN es una obra que preparé con muchas ilusiones para personas de todas las edades que deseen formar parte de una nueva inteligencia colectiva para la humanidad. Los libros han existido siempre, pero el oficio de escribirlos estaba reservado para gente muy especial y muy deseosa de hacerlo. Era muy difícil. Se necesitaba una editorial que encontrara comercializable tu obra para lanzarla. Ahora muchas cosas han cambiado. Lo que se conoce impresión bajo demanda que permite hacer hasta un solo libro, resolvió el problema de las editoriales. Ha surgido una nueva generación de escritores conocidos como self publisher, o self publishing que aprovechando plataformas tecnológicas como cratespace.com son responsables de todo el proceso de lanzamiento de una obra literaria. En la República Dominicana y seguro en otros países de la región los self publishing deben encontrarse con otros problemas, como por ejemplo la cuenta en un banco norteamericano que se necesita para la configuración del sistema. En MEN hay una solución para cada tranque.

Por eso creo que ahora promoveremos al menos 45 mil nuevos escritores dominicanos poniendo sus obras en AMAZON.COM y otros tantos en Mexico, Costa Rica, Panamá, Venezuela, Colombia, El Salvador y otros países donde promocionaré el MEN, si Dios lo permite, será con tu ayuda.

SOBRE EL AUTOR

Luis Francisco Leonardo Castillo

(Leonardo Castillo)

Periodista, productor de televisión, escritor, experto relacionista público de instituciones públicas y privadas, diseñador de sitios web, fanático de las (TIC) tecnología de la información y la comunicación.

Nace en Santo Domingo el 25 de agosto de 1964, hijo de los comerciantes Manuel de Jesús Leonardo y Miledys Castillo. Es el primero de cinco hermanos entre ellos Glennys, Mercedes, Luis y Edwin.

Casado con Nancy Galán García con quien ha procreado cuatro hijos, Miguel Ángel, Nancy Belén, Ángela Nikole y Manuel Felipe.

Estudió en la Escuela Los Corazones de la sección candelaria de El Seibo.

Se graduó con honores como Bachiller Técnico

Comercial, mención contaduría de los liceos Domingo

Faustino Sarmiento y Fabio Amable Mota ubicados en el sector de Los Mina de la ciudad de Santo Domingo.

Estudió Comunicación Social en la Universidad Central del Este, donde obtuvo el título de licenciado.

Se especializó como reportero de televisión laborando para: Noticiero TV13 en 1988-95, Noticiero TVC 2000-02, Súper Noticias del Canal 33 2002-04.

Es el creador y fue director de "Punto Noticias" de la 104.5 FM radio Súper Potente conjuntamente con don José Semorille, William Pérez y Ana Jiménez.

El el área de las Relaciones Públicas se ha desempeñado como sub director de relaciones públicas de la Lotería Nacional 1996-1998, Director de Relaciones Públicas de la Oficina de Ingenieros Supervisores de Obras del Estado 1998-2000, Asistente de prensa de la vice sindicatura del Distrito Nacional 2002-2012. Encargado de Relaciones Públicas de la Pontificia Universidad Católica Madre y Maestra recinto Santo Tomás de Aquino 2002-04. Encargado de Relaciones Públicas de la Dirección de Control de las Infecciones de Transmisión Sexual y SIDA DIGECITSS desde 2005.

Autor de: Todos Somos Bellos, editado por la impresora Alfa y Omega en 1985 y ahora disponible en AMAZON.COM, así como también "El Éxito en las Ventas" (agotado), realizado conjuntamente con Ángel María Pérez Delgado, vendedor profesional y ex dirigente de la Asociación de Vendedores Profesionales de la República Dominicana.

Otros títulos autoría de Leonardo Castillo, están disponibles en AMAZON.COM entre ellos, "Dr. Vander". "Sueños de Media Isla", "Todos Somos Bellos" y "Manual del Escritor Moderno".

Leonardo Castillo se especializa en la producción independiente de televisión, con programas como Desde el Estrado, donde junto a Miguel Cabrera, Nancy Galán, Nieves Hernández y Valentín Medrano, tratan temas judiciales y policiales, el cual se mantiene en el aire desde 1995 y que actualmente se difunde los sábados a las once de la mañana, por el canal 45 de Teleradioamérica.

Otras producciones que constan en su historial incluyen a: "Caso a Caso" que se difundió durante varios años por el canal 4 de CERTV y del cual existen varias ediciones circulando en un canal de Youtube.

Pero como productor de televisión el mayor sueño de este autor se concentra en la televisión educativa y su potencial para realizar grandes transformaciones en los ciudadanos y en la sociedad.

Por eso ha creado la Escuela de Televisión Educativa.

Un proyecto e-learning que se encuentra en la URL http://etve.info y que incluye entrenamientos en el área de la producción de televisión.

En ETVE hay al menos seis cursos que incluyen el dominio de la Cámara de video, la edición de video, la redacción de textos para audiovisuales, la presentación de televisión y técnica del teleprompter y otras destrezas destinadas a formar un productor de televisión capaz de realizar sin ayuda externa un audiovisual educativo completo.

En el área de la tecnología, se ha especializado en el diseño de sitios web.

Leonardo Castillo es el creador de DASIWEB.NET, una entidad en línea que se dedica a ayudar a individuos y organizaciones que necesitan un portal en el internet y carecen de los recursos o los conocimientos técnicos para lograrlo.

DASIWEB ha creado más de 200 páginas, portales,

plataformas e-learning, para distintas instituciones e individuos. Numerosos periódicos digitales, revistas informativas, sitios corporativos y Entornos Virtuales de Aprendizaje. Con un dominio total de esta tecnología, lo cual le permite enseñar sus técnicas en sus plataformas educativas en línea.

15 CONCLUSION

Puesto que la vida es un misterio, y hasta uno de los más sabios dijo que solo sabe que no sabe nada, entonces hay que creer y salvarnos por la fe. Si quien nos hizo fue Dios, y nos hizo a su imagen y semejanza, entonces ¿podemos ser algo diferente que no sea BELLOS?.

TODOS SOMOS BELLOS.

Leonardo Castillo.

Leonardo Castillo

www.ingramcontent.com/pod-product-compliance
Lightning Source LLC
Chambersburg PA
CBHW050421290526
45786CB00003B/1359